Antonio Archangelo

ATARAXIA (Poemas Nonsense)

Antonio Archangelo

ATARAXIA (Poemas Nonsense)

O sentido do Eu

JustFiction Edition

Imprint

Cover image: www.ingimage.com

Publisher:
JustFiction! Edition
is a trademark of
International Book Market Service Ltd., member of OmniScriptum Publishing Group
17 Meldrum Street, Beau Bassin 71504, Mauritius
Printed at: see last page
ISBN: 978-620-3-57484-5

Antonio Archangelo

Ataraxia

1ª edição
Rio Claro
2020

Quero que a vida indique um sopro nonsense…

AA

Retambana de pesares

À direita, corrupção!
À esquerda, socrócios!
Ao centro, negócios...

Retambana de pesares!

No bairro? Sequestro!
Na fila? protestos!
Na Câmara? Favores...

Retambana de pesares!

Conservadores: paspalhos!
Progressistas: otários!
Bonafacistas: cansados...

Retambana de pesares!

Comunismo: continuísmo!
Capitalismo: penhores!
Anarquismo: sem cores...

Retambana de pesares!

Se há negócios,

socrócios,
corrupção,
pedidos,
favores,
cabrestos,
senhores
Na taba, não há mais nada?

Retambana de pesares...

Regret of regrets

The right, corruption
The left, Socrócios
Downtown, business

Regret of regrets

In the neighborhood, kidnapping
In line, drums
In the Chamber, favors

Regret of regrets

Conservatives, fools,
Progressives, suckers
Bonafacistas, tired

Regret of regrets

Communism, continuism
Capitalism, gentlemen
Anarchism, no colors

Rambling with regrets.

If there are businesses, societies, corruption,
Requests, favors, halters and lords
If in the taba, there is nothing else.

Regret of regrets

Lamento de remordimientos

A la derecha, corrupción!
A la izquierda, Socrócios!
En el centro, negocios ...

Divagando con remordimientos!

¿En el barrio? ¡Secuestro!
¿En la fila? protestas!
En la camara: Favores ...

Divagando con remordimientos!

Conservadores: tontos!
Progresistas: ¡tontos!
Bonafacistas: cansados ...

Divagando con remordimientos!

Comunismo: ¡continuismo!
Capitalismo: peones!

Anarquismo: sin colores ...

Divagando con remordimientos!

Si hay negocios,
socrócios
corrupción,
peticiones,
favores
cabestros,
caballeros
¿No hay nada más en la taba?

Divagando con remordimientos ...

Tudo que é eterno

Tudo que não é eterno: é ilusão
Realidade é aquilo que não muda
Tudo que é eterno

Personalidade acaba
Tudo que você aprendeu,
armazenado n'alma

O resto é ilusão, maya
Alma que cresce, evolui
e a personalidade evolui...

Tudo que não é eterno é ilusão
Realidade é aquilo que não muda
Tudo que é eterno.

All that is eternal

Everything that is not eternal: it is illusion
Reality is what doesn't change
All that is eternal

Personality ends
Everything you've learned,
stored in the soul

The rest is illusion, maya
Soul that grows, evolves
and the personality evolves ...

All that is not eternal is illusion
Reality is what doesn't change
Everything that is eternal.

Todo eso es eterno

Todo lo que no es eterno: es ilusión.
La realidad es lo que no cambia
Todo eso es eterno

La personalidad termina
Todo lo que has aprendido
almacenado en el alma

El resto es ilusión, maya
Alma que crece, evoluciona
y la personalidad evoluciona ...

Todo lo que no es eterno es ilusión.
La realidad es lo que no cambia
Todo lo que es eterno.

Caminho

Não há literatura sagrada,
Não há modelo perfeito,
Não há, não há, não há...

Não sabes a perfeição, temporariamente;
do causal caminho para alma.
Não há, não há, não há...

Você é o caminho!
o único caminho!
cansado, sonâmbulo: sobrinho....

Way

There is no sacred literature,
There is no perfect model,
There is not, there is not, there is not ...

You don't know perfection, temporarily;
the causal path to the soul.
There is not, there is not, there is not ...

You are the way!
the only way!
tired, sleepwalking: nephew….

Camino

No hay literatura sagrada,
No hay modelo perfecto
No hay, no hay, no hay ...

No conoces la perfección, temporalmente;
El camino causal al alma.
No hay, no hay, no hay ...

Eres el camino!
¡la única forma!
cansado, sonámbulo: sobrino ...

Eu

És teu templo: eis tua morada, eis tua luz.
És teu Deus: eis teu atma, eis teu discípulo.
- Teu caminho, tua verdade, tua luz!

Vitrice sombrio e kármico,
quântico atma para a graça,
receptiva personalidade em malkuth

Veículo uníssono desta epopeia
auto-reflexão e conhecimento
rezas, orações e mantras hindus...

És tudo-nada
És tudo-graça
És tudo-dármico

Teu caminho, verdade e luz!

Me

You are your temple: this is your home, this is your light.
You are your God: behold your atma, behold your disciple.
- Your way, your truth, your light!

Gloomy and karmic window,
quantum atma for grace,
receptive personality in malkuth

Unison vehicle of this epic
self-reflection and knowledge
Hindu prayers, prayers and mantras ...

You're all-nothing
You're all grace
You're all-darmic

Your way, truth and light!

Yo

Tú eres tu templo: esta es tu casa, esta es tu luz.
Eres tu Dios: contempla tu atma, contempla a tu discípulo.
- ¡Tu camino, tu verdad, tu luz!

Ventana sombría y kármica,
atma cuántico por gracia,
personalidad receptiva en malkuth

Vehículo al unísono de esta epopeya
autorreflexión y conocimiento
Oraciones hindúes, oraciones y mantras ...

Eres todo-nada
Eres toda gracia
Eres totalmente drámico

Tu camino, verdad y luz!

Prasãda

Consciência d'alma,
tu és o que és,
como grandes amigos!

Imagens sacras e seculares no divã
não sou minha mente,
não sou meu pensamento.

Prasãda de quimeras indomáveis
Passagem para um mundo indubitável
Estarei junto a ti aqui e ali

Como posso junto de ti, em ti?
Como posso junto de si, em si?
Como posso junto a vós, em vós?

Prasāda

Soul consciousness,
you are what you are,
like great friends!

Sacred and secular images on the couch
I am not my mind,
I am not my thought.

Prasada of indomitable chimeras
Passage to an undoubted world
I will be with you here and there

How can I with you, in you?

Prasāda

Conciencia del alma,
tu eres lo que eres,
como grandes amigos!

Imágenes sagradas y seculares en el sofá
No soy mi mente
No soy mi pensamiento

Prasada de quimeras indomables
Pasaje a un mundo indudable.
Estaré contigo aquí y allá

¿Cómo puedo contigo, en ti?

Três vezes

Tábua da esmeralda: cintilar epopeia, caldeu
No pântano imundo dos que perecem em ti, ó Thoth
Três vezes grande, três vezes!

Na antro, no canto, no santo!
Comigo, contigo e convosco!
Três vezes grande, três vezes.

No livro dos mortos,
Interoperar contínuo entre todos os fractais
cintilante experiência: vivência!

Três vezes grande, três vezes!

3 times

Emerald board: glowing epic, chaldean
In the filthy swamp of those who perish in you, O Thoth
Three times big, three times!

In the den, in the corner, in the saint!
With me, with you and with you!
Three times big, three times.

In the book of the dead,
Continuous interoperation between all fractals
sparkling experience: experience!

Three times big, three times!

Tres veces

Tablero esmeralda: brillante épica, caldea
En el pantano sucio de los que perecen en ti, oh Thoth
¡Tres veces más grande, tres veces más!

¡En la guarida, en la esquina, en el santo!
¡Conmigo, contigo y contigo!
Tres veces grande, tres veces.

En el libro de los muertos
Interoperación continua entre todos los fractales.
experiencia chispeante: experiencia!

¡Tres veces más grande, tres veces más!

Exortação

Aos bons homens, inspirados por
Almeida Garret e Andrada e Silva,
José do Patrocínio e Princesa Isabel!

Aos homens de Ítaca
que assistem, sem escrúpulos,
homens que enriquecem
em detrimento a cousa pública,
Em sindicatos e lojas: órfãos da moral!

Que misturam retidão a amantes
direito social à apadrinhamento de confrades
Doutores enfadonhos milionários,
a margem da lei, da moralidade, da ética,
dos interesses mesquinhos,
partidários, eleitorescos e sindicais!

De estágios com paternidade,
de comissionados, sem capacidade...
de diretores, sem dignidade...
de supersalários a abastados...

Ah! Gregório de Matos, concordo:
- o que falta é vergonha!
- Aos opositores: moral.

- Aos paladinos das regras: capacidade.

As amantes que contenham os falastrões!
Abaixo-assinados, manchados pela desonra,
da massa-manobra e seu fardo:
- Gado, GADU, grosserias!

Exhortation

To good men, inspired by
Almeida Garret and Andrada e Silva,
José do Patrocínio and Princesa Isabel!

To the men of Ithaca
who watch, without scruples,
men who get rich
to the detriment of public affairs,
In unions and shops: orphans of morals!

Who mix righteousness with lovers
social right to sponsor confreres
Boring millionaire doctors,
the margin of law, morality, ethics,
of petty interests,
supporters, voters and union members!

From internships with fatherhood,
commissioned, without capacity ...
of directors, without dignity ...
from super salaries to wealthy ...

Ah! Gregório de Matos, I agree:
- what is missing is shame!
- Opponents: moral.
- To the champions of the rules: capacity.

The lovers that contain the loudmouths!
Petitions, tainted by dishonor,
of the mass-maneuver and its burden:
- Cattle, GADU, rudeness!

Exhortación

Para hombres buenos, inspirados por
Almeida Garret y Andrada e Silva,
¡José do Patrocínio y Princesa Isabel!

A los hombres de Itaca
que miran sin escrúpulos
hombres que se hacen ricos
en detrimento de los asuntos públicos,
En sindicatos y comercios: ¡huérfanos de la moral!

Que mezclan la justicia con los amantes
derecho social a patrocinar cohermanos
Doctores millonarios aburridos,
el margen de la ley, la moral, la ética,
de intereses mezquinos,
¡Partidarios, votantes y sindicalistas!

De pasantías con paternidad,
comisionado, sin capacidad ...
de directores, sin dignidad ...
de súper salarios a ricos ...

Ah! Gregório de Matos, estoy de acuerdo:
- lo que falta es vergüenza!
- Opositores: morales.
- A los campeones de las reglas: capacidad.

¡Los amantes que contienen los bocazas!
Peticiones, contaminadas por deshonor,
de la maniobra de masas y su carga:
- Ganado, GADU, grosería!

Insatisfação desejante

Amor é desejo, eros.
Desejo é a falta, bento:
- Inclinação para o que não se tem!

Amar é desejar, santo.
Desejar é não ter, esperanto.
A equação elucidada e macabra!

Ou desejas o que não tem,
ou quando a tem: não desejas!

Amor pelo trabalho: no desemprego.
Amor pelo dinheiro: na pobreza.
Amor pela paz: na guerra!

Desejantes, somos,
a inferência imediata,
guiados pela insatisfação desejante
que ainda nos mata!

Essa tal matéria-prima da política,
que almeja, tão somente, a gestão do desejo.
Se resume na busca e redução ininterrupta
de toda essa ausência em seu peito!

Se ao invés, fosse a da satisfação,
cogitar, íamos, a convivência boa:
- Morte, morrida, das paixões e ideologias!

Não buscaríamos mais nada,
conservando intacto o status quo,
seja aqui ou em Cabrobó!

Todo desejo satisfeito, então, é extinto,
ocupado por um novo desejo tinto,
numa eterna valsa vienense!

Desiring dissatisfaction

Love is desire, eros.
Wish is the lack, blessed:
- Inclination towards what you don't have!

To love is to wish, holy.
To wish is not to have, Esperanto.
The equation elucidated and macabre!

Or you want what you don't have,
or when you have it: you don't want it!

Love of work: in unemployment.
Love of money: in poverty.
Love for peace: in war!

Desiring, we are,

immediate inference,
guided by desiring dissatisfaction
that still kills us!

This raw material of politics,
that only aims at the management of desire.
It comes down to continuous search and reduction
of all that absence in your chest!

If instead it were satisfaction,
we were going to consider good coexistence:
- Death, died, of passions and ideologies!

We would not seek anything else,
keeping the status quo intact,
either here or in Cabrobó!

Every satisfied desire, then, is extinguished,
occupied by a new red desire,
in an eternal Viennese waltz!

Deseando insatisfacción

El amor es deseo, eros.
El deseo es la falta, bento:
- Inclinación hacia lo que no tienes!

Amar es desear, santo.
Desear no es tener, esperanto.
¡La ecuación aclarada y macabra!

O quieres lo que no tienes,
o cuando lo tienes: ¡no lo quieres!

Amor al trabajo: en el paro.
Amor al dinero: en la pobreza.
Amor por la paz: en la guerra!

Deseando, somos,
inferencia inmediata,
guiado por el deseo de insatisfacción
eso todavía nos mata!

Esta materia prima de la política,
eso solo apunta a la gestión del deseo.
Todo se reduce a la búsqueda y reducción
continua.
de toda esa ausencia en tu pecho!

Si en cambio fue satisfacción,
íbamos a considerar la buena convivencia:
- ¡Muerte, muerte, de pasiones e ideologías!

No buscaríamos otra cosa,
manteniendo el status quo intacto,
ya sea aquí o en Cabrobó!

Todo deseo satisfecho, entonces, se extingue,
ocupado por un nuevo deseo rojo,
en un eterno vals vienés!

Caminheiro

Sentimento taciturno,
absurdamente cítrico,
algazarra midiática,
contumaz e perniciosa!

Caminhando pelos vales de gramíneas,
angiospérmicas relvas verdejantes.
dísticas e alongadas esperanças.

Se tu não foi, não irá;
se irá, não voltarás,
pelo riacho de novidades
nas águas recusadas e inéditas.

Caminhando pelo vales da sombras;
Caminhando pelos vales dos lírios;

*Caminhando sobre espécies invasoras;
caminhando inodoramente!*

Hiker

Taciturn feeling,
absurdly citrusy,
media hubbub,
stubborn and pernicious!

Walking through the grassy valleys,
angiospermic green grasses.
and elongated hopes.

If you didn't go, you won't go;
if you will, you will not return,
by the stream of news
in refused and unprecedented waters.

Walking through the valleys of shadows;
Walking through the valleys of lilies;
Walking on invasive species;
walking odorlessly!

Caminante

Sentimiento taciturno,
absurdamente cítrico,
bullicio mediático,
terco y pernicioso!

Caminando por los valles cubiertos de hierba,
pastos verdes angiospermicos.
y esperanzas alargadas.

Si no fuiste, no irás;
si quieres, no volverás,
por la corriente de noticias
en aguas rechazadas y sin precedentes.

Caminando por los valles de las sombras;
Caminando por los valles de lirios;
Caminando sobre especies invasoras;
caminando sin olor!

Panteão da Pátria

Salve, salve! Minha gente querida,
Com os olhos turvos d'outro lado do Atlântico,
a um povo heroico e retumbante
que de seus fundadores esquecera...

Feitiço de Ganga Zumba?
Ou renascimento do néscio sandeu?

Salve, salve! Minha gente querida!
De Cunhambebe a Tiaraju,
que dos rincões de Nheçu se perdeu!
A farsa histórica ignoram,
Ajuricaba e vice-reino do Peru: Tupac Amaru!

Salve, salve! Minha gente querida!
Da negritude: os irmãos Rebouças, Luís Gama e José do Patrocínio
Empoderadas: Ana Néri, Bárbara de Alencar, Clara Camarão,

Luísa Mahin, Maria Quitéria, Isabel, a redentora, então?

Salve, salve! Minha gente querida!
Reprisar os mesmos cantos,
ao povo agonia sem fim,
Na busca por falsos heróis:
sem caráter, sem feitos, enfim...

Salve, salve! Minha gente querida!
Quem sabe na terra do futuro,
meu clamor taciturno,
resgate a memória assim:
-Almejando o futuro,
marejando os olhos de nanquim!

Pantheon of the Motherland

Hello! My dear people,
With bleary eyes on the other side of the Atlantic,
to a heroic and resounding people
that its founders had forgotten ...

Zumba Ganga Spell?
Or the rebirth of the foolish Sandeu?

Hello! My dear people!
From Cunhambebe to Tiaraju,
that from the corners of Nheçu was lost!
The historical farce ignores,
Ajuricaba and Viceroyalty of Peru: Tupac Amaru!

Hello! My dear people!
Of blackness: the brothers Rebouças, Luís Gama
and José do Patrocínio

Empowered: Ana Néri, Bárbara de Alencar, Clara Camarão,
Luísa Mahin, Maria Quitéria, Isabel, the redeemer, then?

Hello! My dear people!
Repeat the same songs,
to the people agony without end,
In the search for false heroes:
without character, without deeds, anyway ...

Hello! My dear people!
Who knows in the land of the future,
my sullen cry,
rescue the memory like this:
- Aiming for the future,
watering the eyes of India!

Panteón de la Patria

¡Salve Salve! Mi querida gente
Con ojos nublados al otro lado del Atlántico,
a un pueblo heroico y rotundo
que sus fundadores habían olvidado ...

¿Hechizo de Zumba Ganga?
¿O el renacimiento del tonto Sandeu?

¡Salve Salve! ¡Querida gente!
De Cunhambebe a Tiaraju,
que desde los rincones de Nheçu se perdió!
La farsa histórica ignora,
Ajuricaba y Virreinato del Perú: ¡Tupac Amaru!

¡Salve Salve! ¡Querida gente!
De la negrura: los hermanos Rebouças, Luís Gama y José do Patrocínio
Empoderados: Ana Néri, Bárbara de Alencar, Clara Camarão,
Luísa Mahin, Maria Quitéria, Isabel, ¿la redentora, entonces?

¡Salve Salve! ¡Querida gente!
Repite las mismas canciones
al pueblo agonía sin fin,
En la búsqueda de falsos héroes:
sin carácter, sin hechos, de todos modos ...

¡Salve Salve! ¡Querida gente!
Quién sabe en la tierra del futuro
mi llanto hosco,
rescatar la memoria así:
- Apuntando al futuro,
llorando los ojos de la India!

Xênia

Evoco esta lírica que emergiu dos galegos mares ,
a fusão providencial: dos celtas, romanos e árabes
Do sangue e da peleja que se assemelha
a fúria de Poseidon em chão de Gibraltar
aconselha:

Se nas gens dos celtiberos,
Títio Lívio, em suas notas lembrou
entre os rios Ebro e Tinto de Huelva,
de abundância, o cartaginês asseverou.

Ó Senhor, somos, então, celtas?
Ó Senhor, somos o que somos, tu que determinou!

A bravura de Hanão, como podes, não evitou:
as lâminas de Cipião Calvo, bucólico e dor,
os lusitanos e a Indíbil subjugou
mesmo com suplícios de Asdrúbal,
Viriato e Himilcão condenou!

Ó Senhor, somos, então, romanos?
Ó Senhor, somos o que somos, tu que determinou!

Em Emerita Augusta, assistiu a queda de Caesar,
no apogeu a pax, o visigodo ignorou
nas mãos de Rodrigo e Aquilla a lusitânia,
por décadas, governou.

Ó Senhor, somos, então, visigodos?
Ó Senhor, somos o que somos, tu que determinou!

Sob a ira de Tárique, ex-cativo de Magrebe,
o califado muçulmano, em terras lusitanas,
instaurou,
que este chão árido,
algum dia, quiçá, reivindicou.

Ó Senhor, somos, então, árabes?
Ó Senhor, somos o que somos, tu que determinou!

Gharb al-Andalus aos árabes bravamente resistiu
que a voz vociferante de Afonso Henriques, os
mouros expulsou
e em Algarves, então Afonso III,
a terra lusitana recuperou!

Ó Senhor, somos, então, lusitanos?
Ó Senhor, somos o que somos, tu que determinou!

Nos mares subjugados, a audácia de Vasco da Gama estimulou
magnanimamente a frota de Cabral
no porto seguro desembarcou.
Instaurou, naquele 22 de abril,
junto aos tupiniquins, que tão logo prosperou!

Ó Senhor, somos, então, portugueses?
Ó Senhor, somos o que somos, tu que determinou!

Na disputa entre Cunhambebe e João Ramalho,
Tibiriçá, São Paulo dominou,
Em Bertioga até Hans Staden se condenou
em guerras guaranítica esta terra selou!

Ó Senhor, somos, então, tupis?
Ó Senhor, somos o que somos, tu que determinou!

Do Congo, de Angola, Gana, mão de obra escrava aportou
Na resiliência de Ganga Zumba, dos quilombos, transformou
A terra do novo mundo
com rubro negro sangue condensou!

Ó Senhor, somos, então, africanos?
Ó Senhor, somos o que somos, tu que determinou!

Como em Gênesis, povo gentio retornou
da românia terra, no Brasil encontrou:
- Comida e afazeres e com esta gente miscigenou
na selva verde esperança,
o concretou dominou!

Ó Senhor, somos, então, italianos, espanhóis,
europeus?
Ó Senhor, somos o que somos, tu que determinou!

Sois então um celta,
um romano?
um árabe,?
um indígena?
um português?
um africano?
um italiano?
um espanhol?
um europeu?

Sou, na verdade, o que tu determinou!
Brasileiro e com muito louvor!

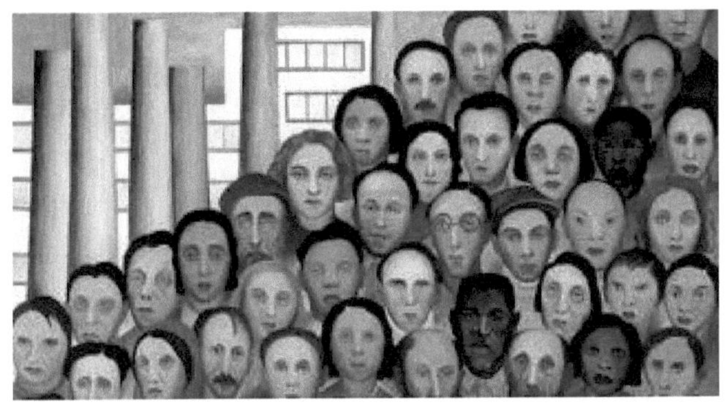

Xenia (english)

I evoke this lyric that emerged from the Galician seas,
the providential fusion: of the Celts, Romans and Arabs
Of the blood and the battle that resembles
Poseidon's fury on the ground of Gibraltar advises:

If in the celtiberos' genes,
Títio Lívio, in his notes recalled
between the Ebro and Tinto de Huelva rivers,
of abundance, the Carthaginian asserted.

Lord, are we, then, Celts?
Lord, we are what we are, you who determined!

Hanão's bravery, as you can, did not prevent:
the blades of Scipio Calvo, bucolic and pain,
the Portuguese and Indíbil subdued
even with Asdrúbal's torments,
Viriato and Himilcão condemned!

Lord, are we, then, Romans?

Lord, we are what we are, you who determined!

In Emerita Augusta, he saw the fall of Caesar,
in the heyday of pax, the Visigoth ignored
in the hands of Rodrigo and Aquilla the Portuguese,
for decades, he ruled.

Lord, are we, then, Visigoths?
Lord, we are what we are, you who determined!

In the wrath of Tárique, ex-captive of Maghreb,
the Muslim caliphate, in Portuguese lands,
established,
that this arid floor,
someday, perhaps, he claimed.

Lord, are we, then, Arabs?
Lord, we are what we are, you who determined!

Gharb al-Andalus to the Arabs bravely resisted
that the vociferous voice of Afonso Henriques, the
Moors expelled
and in Algarves, then Afonso III,
the Portuguese land has recovered!

Lord, are we, then, Portuguese?
Lord, we are what we are, you who determined!

In the subdued seas, Vasco da Gama's audacity
stimulated
magnanimously the Cabral fleet
landed in the safe harbor.
On that April 22,
together with the Tupiniquins, who soon prospered!

Lord, are we, then, Portuguese?
Lord, we are what we are, you who determined!

In the dispute between Cunhambebe and João
Ramalho,
Tibiriçá, São Paulo dominated,
In Bertioga even Hans Staden was condemned
in guaranitic wars this land sealed!

Lord, are we, then, Tupis?
Lord, we are what we are, you who determined!

From Congo, from Angola, Ghana, slave labor
contributed
In the resilience of Ganga Zumba, from the
quilombos, he transformed
The land of the new world
with red black blood condensed!

Lord, are we, then, Africans?
Lord, we are what we are, you who determined!

As in Genesis, Gentile people returned
from romania land, in Brazil found:
- Food and chores and mixed with these people
in the green jungle hope,
the concrete dominated!

Lord, are we, then, Italians, Spaniards, Europeans?
Lord, we are what we are, you who determined!

You are then a Celtic,
a Roman?
an Arab ,?
an indigenous?
a Portuguese?
an african?
an italian?
a spanish?
a European?

I am, in fact, what you determined!
Brazilian and with much praise!

Xenia (espanhol)

Evoco esta letra que surgió de los mares gallegos,
la fusión providencial: de los celtas, romanos y árabes
De la sangre y la batalla que se asemeja
La furia de Poseidón en el suelo de Gibraltar aconseja:

Si en los genes de los celtiberos,
Títio Lívio, en sus notas recordaba
entre los ríos Ebro y Tinto de Huelva,
de abundancia, afirmó el cartaginés.

Oh Señor, ¿somos entonces celtas?
¡Oh Señor, somos lo que somos, tú que determinaste!

La valentía de Hanão, como puede, no impidió:
las hojas de Scipio Calvo, bucólicas y dolorosas,

los portugueses y el Indíbil sometidos
incluso con los tormentos de Asdrúbal,
¡Viriato y Himilcão condenados!

Oh Señor, ¿somos, entonces, romanos?
¡Oh Señor, somos lo que somos, tú que determinaste!

En Emerita Augusta, vio la caída de César,
en el apogeo de pax, el visigodo ignoraba
en manos de Rodrigo y Aquilla el portugués,
durante décadas, gobernó.

Oh Señor, ¿somos, pues, visigodos?
¡Oh Señor, somos lo que somos, tú que determinaste!

En la ira de Tárique, excautiva del Magreb,
el califato musulmán, en tierras portuguesas, estableció,
que este árido piso,
algún día, tal vez, afirmó.

Oh Señor, ¿somos entonces árabes?
¡Oh Señor, somos lo que somos, tú que determinaste!

Gharb al-Andalus a los árabes resistió valientemente
que la voz vociferante de Afonso Henriques, los moros expulsaron
y en Algarves, luego Afonso III,
¡la tierra portuguesa se ha recuperado!

Oh Señor, ¿somos, pues, portugueses?
¡Oh Señor, somos lo que somos, tú que determinaste!

En los mares apagados, la audacia de Vasco da Gama estimuló
magnánimamente la flota de Cabral
aterrizó en el puerto seguro.
Ese 22 de abril
junto con los Tupiniquins, que pronto prosperaron!

Oh Señor, ¿somos, pues, portugueses?
¡Oh Señor, somos lo que somos, tú que determinaste!

En la disputa entre Cunhambebe y João Ramalho,
Tibiriçá, São Paulo dominó,
En Bertioga incluso Hans Staden fue condenado
en guerras guaraníticas esta tierra sellada!

Oh Señor, ¿somos, entonces, Tupis?
¡Oh Señor, somos lo que somos, tú que determinaste!

Desde el Congo, desde Angola, Ghana, el trabajo esclavo contribuyó
En la resiliencia de Ganga Zumba, de los quilombos, transformó
La tierra del nuevo mundo
con sangre roja y negra condensada!

Oh Señor, ¿somos, entonces, africanos?
¡Oh Señor, somos lo que somos, tú que determinaste!

Como en Génesis, los gentiles regresaron
de la tierra de Rumania, en Brasil encontró:
- Comida y quehaceres y mezclado con estas personas.
en la jungla verde esperanza,
¡el hormigón dominaba!

Oh Señor, ¿somos, pues, italianos, españoles, europeos?
¡Oh Señor, somos lo que somos, tú que determinaste!

Entonces eres un celta,
un romano?
un arabe ,?
un indígena?
un portugués?
un africano?
¿un italiano?
un español?
¿un europeo?

¡Soy, de hecho, lo que determinaste!
Brasileña y con muchos elogios!

Cynar

Quando desço, padeço: pereço!
Quando leio, esqueço: começo!
sem Cynar...

Quando desço, sento: emudeço!
Tramposeio o beiral da insensatez,
dos que buscam a razão, sem ração!

Sem bordeio,
sem segredo,
sem rodeio: pereço!

Nas rimas imundas apregoadas na cortina do córtex,
na amálgama das sinapses cerebrais,
transcendo a penumbra orbicular do absurdo...

Cynar (in English)

When I go down, I suffer: I perish!
When I read, I forget: start!
without Cynar ...

When I go down, I sit: I am silent!
Tramposeio the eaves of folly,
of those who seek reason, without food!

Without bordeaux,
without secret,
bluntly: I perish!

In the filthy rhymes touted on the cortex curtain,
in the amalgam of the brain synapses,
transcending the orbicular darkness of the absurd
...

Cynar (en español)

Cuando bajo, sufro: ¡perezco!
Cuando leo, me olvido: ¡empieza!
sin Cynar ...

Cuando bajo, me siento: ¡estoy en silencio!
Tramposeio los aleros de la locura,
de los que buscan la razón, sin alimento!

Sin burdeos
sin secreto,
sin rodeos: ¡perezco!

En las sucias rimas promocionadas en la cortina de la corteza,
en la amalgama de las sinapsis cerebrales,
trascendiendo la oscuridad orbicular del absurdo ...

Brasília

A vida pulsa no congresso ou em seus palácios,
Na estação, o cordel encantado,
emaranhado de rostos: brasileirice de etnias!

Do perfume da culinária raiz,
do artesanato de resistência,
das gemas reluzente,
e do sangue de vossa gente!

De suas avenidas longas, sem calçadas,
De seu concreto imponente, sem gente,
De seus jardins suspensos, sem gritos!

Status quo de nossa vergonha,
escondidos famintos, miseráveis,
desgraçados, resilientes residentes!

-Que o governo dê um jeito!

Dorme, este, em mais um domingo,
em berço esplêndido.
Enfeitiçado por seu próprio retrato,

na fina lâmina de seus lagos,
esculpidos em carrara, Brasília!

Brasilia (in english)

Life pulsates at the congress or in its palaces,
At the station, the enchanted cordel,
tangle of faces: brasileirice of ethnicities!

From the scent of the culinary root,
resistance crafts,
of glittering gems,
and the blood of your people!

From its long avenues, without sidewalks,
Of its imposing concrete, without people,
From your hanging gardens, no screams!

Status quo of our shame,
hungry, miserable hiding places,
bastards, resilient residents!

-May the government find a way!

Sleep, this, on another Sunday,
in a splendid cradle.
Bewitched by his own portrait,

on the thin blade of their lakes,
sculpted in carrara, Brasilia!

Brasilia (en español)

La vida late en el congreso o en sus palacios,
En la estación, el cordel encantado,
maraña de caras: brasileña de etnias!

Del aroma de la raíz culinaria,
artesanías de resistencia,
de gemas relucientes,
y la sangre de tu pueblo.

De sus largas avenidas, sin aceras,
De su imponente hormigón, sin gente,
¡Desde sus jardines colgantes, sin gritos!

Status quo de nuestra vergüenza,
escondites hambrientos y miserables,
bastardos, residentes resilientes!

-¡Que el gobierno encuentre la manera!

Duerme este otro domingo
en una espléndida cuna.
Hechizado por su propio retrato,
en la fina hoja de sus lagos,
esculpido en carrara, Brasilia!

Fake News

Se antes a disputa era pelos atos,
Se antes: pela retórica inabalável,
Se antes: pela teoria inquebrantável...

Hoje?
- Monopólio de posts;
- Fakes;
- Discurso fictício;
- Veracidade apedeuta;
- Viralidade!

Da disputa pela visão de mundo,
Ao culto a mentira dita e viralizada!
Das epopeias de fatos deploráveis...
Rumo ao progresso governado pelo caos!

Fake News (english)

If the dispute was for acts before,
If before: through unwavering rhetoric,
If before: by the unbreakable theory ...

Today?
- Monopoly of posts;
- Fakes;
- Fictitious speech;
- Apedish veracity;
- Virality!

From the dispute for the worldview,
To the cult the lie said and viralized!
From the epics of deplorable facts ...
Towards progress governed by chaos!

Noticias falsas (español)

Si la disputa fue por actos anteriores,
Si antes: a través de una retórica inquebrantable,
Si antes: por la teoría inquebrantable ...

¿Hoy?
- Monopolio de puestos;
- Falsificaciones;
- Discurso ficticio;
- Veracidad apresurada;
- ¡Viralidad!

De la disputa por la cosmovisión,
¡Al culto la mentira dicha y viralizada!
De las epopeyas de hechos deplorables ...
¡Hacia un progreso gobernado por el caos!

Breu

Plastificadas valsas,
retórica marota,
sentenças cotidiana!

Passeio vulgar,
memórias ao vento,
insaciável método!

Vós terdes-vos esquecido
Esquecemo-nos!

Eudemonísticos versos
que vós tenhais lembrado
do breu de colofônia

Ácida fuga das rugas
que brotam nos olhos teus!

Pitch dark

Plasticized waltzes,
naughty rhetoric,
everyday sentences!

Ordinary Tour,
memories to the wind,
insatiable method!

You have forgotten
We forgot!

Eudemonistic verses
that you have remembered
rosin

Acid wrinkle escape
that spring in your eyes!

Muy oscuro

Vals plastificados,
retórica traviesa,
oraciones cotidianas!

Tour ordinario,
recuerdos al viento,
método insaciable!

Tu has olvidado
¡Olvidamos!

Versos eudemonistas
que has recordado
colofonia

Escape ácido de arrugas
esa primavera en tus ojos!

Printed by Books on Demand GmbH, Norderstedt / Germany